GAELIC IS FUN!

Foillsichte sa Chuimrigh 1971
Deilbhte agus dèanta le Y Lolfa Cyf.,Talybont,Ceredigion SY24 5HE
First published inWales 1971
Designed and published by Y Lolfa Cyf.,Talybont, Ceredigion SY24 5HE

A' chiad fhoillseachadh ann an 1989 an Alba le Acair Earranta, An Tosgan, Rathad Shìophoirt, Steòrnabhagh, Eilean Leòdhais, HS1 2SD
A' chiad fhoillseachadh anns a chruth seo © Acair Earranta 2014 le teacsa a rèir "Gnàthachas Litreachaidh na Gàidhlig" foillsichte le SQA 2009

First published in 1989 in Scotland by Acair Ltd., An Tosgan, Seaforth Road, Stornoway, Isle of Lewis, HS1 2SD
Revised edition © Acair Ltd. 2014 with text in accordance with "Gaelic Orthographic Conventions" published by SQA 2009

Chuidich Comhairle nan Leabhraichean am foillsichear le cosgaisean an leabhair seo.

www.acairbooks.com info@acairbooks.com

Tha Acair a' faighinn taic bho Bhòrd na Gàidhlig.

ISBN 978-1-78907-003-3

Riaghladair Carthannas na h-Alba **Carthannas Clàraichte**/Registered Charity SC047866

GAELIC IS FUN!

A COURSE IN GAELIC FOR THE BEGINNER

Based on the original Gaelic Version by Colm Ó Baoill

Revised Version: Donald John Maciver

Based on the original Welsh is Fun by Heini Gruffudd, MA and Elwyn Ioan

Read this first!

1. You want to learn Gaelic? This book will give you an enjoyable start. We hope that you'll be hooked by the time you finish it.

2. Don't give up. If you can speak English you can learn Gaelic. All it needs is time and determination.

3. A little at a time is the best way to learn.

4. Use your Gaelic whenever you can – most Gaelic speakers will be on your side. If you can't understand them say:

Can a-rithist e.
(*kan a ree-eestch ay*)
Say it again.

You can add:

Tha mi ag ionnsachadh (Gàidhlig).
(*ha mnee a gewn-sacha (gahl-ig*)
I am learning (Gaelic).

5. There are two types of people who will criticise this book to you on linguistic/dialect/pedagogic/methodological/lexical/grammatical/moral/aesthetic grounds.
The first type will offer to teach you better. Accept. They probably will.

The second type are begrudgers, pedants, no-hopers, dead-heads – maybe anti-Scots! Who needs them?

6. If they complain that it is an act of political extremism to learn Gaelic, agree. They're right.

7. When you're finished with this book there are plenty of other courses in Gaelic. Some of them are accompanied by tapes or CDs.

8. It is very difficult to learn to use a language actively without lots of practice. Classes are a great help. Even better is a friend who's prepared to speak Gaelic to you while you learn. If you find one of these, stick to her/him like wallpaper.

9. We have ignored dialect differences in this book as far as possible. The dialects have different ways of saying some things. “How are you” is “Ciamar a tha thu?” in Skye and “Dè man a tha thu?” in Lewis. Pronunciation can also vary. The best advice to the learner is to pick one dialect and learn it first.

Contents

Spelling & pronunciation

Gaelic is more or less phonetically spelt, but the actual spelling system is quite complex. This is because 18 letters have to be manipulated to cover 60-odd sounds. (There is no **j, k, q, v, w, x, y, z.**)

Many sounds in Gaelic do not exist in English. A native speaker of Gaelic, in the flesh or on tape/CD, is the best guide and this book can only be a poor substitute. But if you follow it closely you'll probably sound as good as any other beginner.

VOWELS AND CONSONANTS

Consonants may be pronounced in different ways depending on the vowels occurring beside them.

BROAD VOWELS: A, O, U.
SLENDER VOWELS: E, I.

A consonant occurring beside a broad vowel is called a broad consonant, and one beside a slender vowel is a slender consonant. The rule is "Slender to slender and broad to broad", which means that a consonant preceded by a slender vowel cannot be followed by a broad one (and *vice*, of course, *versa*).

A slender consonant is most often pronounced as if it were followed by a y-sound (like the 'c' in 'cure').

c	:	always a k-sound, never an s-sound
d broad	:	thicker than the English 'd'. Try putting the tip of the tongue behind the lower teeth.
d slender	:	j-sound (as in 'duke')
ll slender and **l**-slender at the beginning of a word	:	'ly' sound, like 'l' in 'value'.
nn slender, and in **n**-slender at the beginning of a word	:	'ny' sound, like 'n' 'new'.
r slender	:	impossible to describe Like a cross between an 'r' and a 'y'.
s slender	:	Like an English 's'.

t broad	:	thicker than the English 't'. Put tip of tongue behind lower teeth.
t slender	:	'tch' sound (as in'tune').

LENITED CONSONANTS

(Consonants followed by 'h'. The sound is changed. For further explanation see page 67.)

bh / **mh**		:	like 'v'
ch		:	as in 'loch'
dh / **gh**	broad	:	Not in English. A voiced sound at the back of the throat.
dh / **gh**	slender	:	like 'y'
fh		:	no sound
sh		:	like 'h'
th		:	like 'h'; but between two vowels it sometimes has no sound

ACCENT

Accent is almost always on the first syllable of a word. In phrases and sentences in this book we have printed the main stressed syllables in italics.

LENGTH

A mark like the French grave accent (`) over a vowel makes the vowel long.

SOME VOWELS

è	is sometimes pronounced like a long 'eh' and sometimes like 'ay' as in 'day'
ea	is usually pronounced like a short 'eh'
ò	is sometimes pronounced like 'aw' and sometimes like 'oh'
ao	is pronounced like a long 'u' with the
mouth	half open (or imitates the posh English
'ur' in	'curve')
eu	represents a long è-sound as 'ay' in 'day'; sometimes an 'ey' sound

NA LEASAIN
The lessons

NOW BEGIN!

Leasan a h-aon (Lesson 1)

BEANNACHDAN (Greetings)

1

Latha math.
(*la*-a mah)
Good day.

Fàilte.
(*faal*-tche)
Welcome.

2

Latha math dhut fhèin.
(la-a *mah* ghoot *heyn*)
Good day to you (reply).

3

Ciamar a tha thu?
(*kim*-ar-a *ha* oo)
How are you?

4

Tha gu math, tapadh leat.
(*ha* gum *ah*, tap-a let)
Very well, thank you.

5
Chan eil dona, tapadh leat.
(cha nyel donna, tapa let)
Not bad, thank you.

6
Thalla, a bhalgair.
(hal-à a val-a-ger)
Get away, you beast.

7
Thig a-staigh.
(hig a stye)
Come in.

8
Slàn leat.
(slàn let)
Good-bye
doras

ciamar – how
math – good
gu math – well
dona – bad
thig – come
thalla – get away
slàn leat – goodbye
a-staigh – in; inside
a-mach – out; outside
latha math – good day
tapadh leat – thank you

CLEACHDADH (klech-gagh)
(Read these words and sentences aloud, and then translate them into English.)

Fàilte..
Thig a-staigh ....
Ciamar a tha thu? ....
Chan eil dona ....
Latha math ....
Thalla ....
Thig a-mach ....
Thalla a-mach ....
Slàn leat ....

Leasan a dhà
(Lesson 2)

AN AIMSIR
(The Weather)

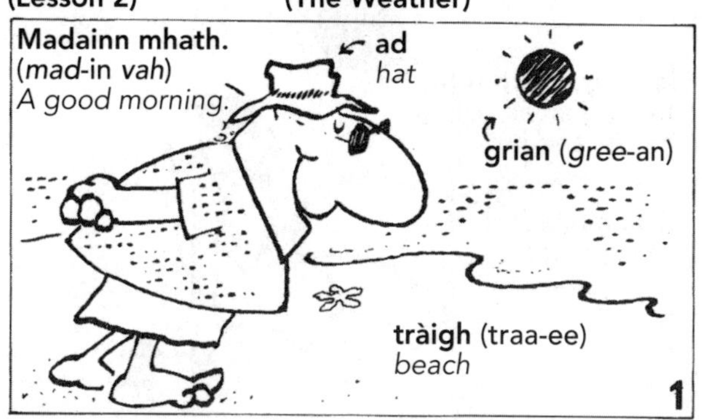

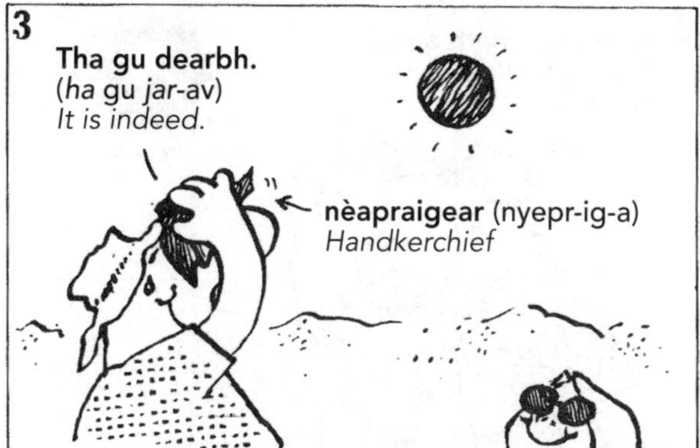

Tha e eagalach fuar.
(ha ay eg-ul-ach foo-ar)
It is terribly cold.
Lèine
shirt
Am muir (am murh)
The sea
5

Tha e gu math teth.
(ha ay gum ah tcheh)
It's fine and hot.
Gainmheach
(gana-vach)
sand
6

7
Tha e sgòthach.
(ha ay scaw-ach)
It's cloudy.

8
Oidhche mhath a-nise
(eech-ye vah a nish-e)
Good night now

teth – hot
fuar – cold
gu math teth – fine and hot; quite hot
eagalach – terrible
an aimsir (an ama-shir) – the weather
oidhche - night
oidhche mhath – good night
an-dràsta – just now
a-nise – now

CLEACHDADH

Tha e gu math teth ....
Tha e teth ....
Oidhche mhath ....
Tha e fuar a-nise ....
Tha e fuar ....
Tha am muir gu math teth ....
Ciamar a tha thu? ....
Tha an t-uisge ann ....

Leasan a trì **(Lesson 3)**

SAN TAIGH-SHEINNSE (In the pub)

Tha an teine teth agus tha mi cofhurthail.
(han *tchen*-e *tcheh* agus ha mi *co*-hurst-al)
The fire's hot and I'm comfortable.
Bòrd
table
5

Ceò (kyaw)
smoke
An toir thu dhomh pinnt eile?
(an *tor* oo gho *peench el*-e)
Please give me another pint.
Làmh
hand
Pìob (peeb)
pipe
6

7
Tha i uabhasach snog.
(ha ee *ooa*-vas-ach *snogg*)
She is awfully nice.
Caileag bhòidheach
(*cal*-ag *voy*-ach)
A beautiful girl
Muc sheobhaineach fhireann
(*muhk hyawv*-in-ach *ir*-un)
A male chauvinist pig

8
Sròn
(strawn)
nose
Ha hà. Tha e air mhisg.
(ha ay e *vishk*)
Ha ha! He's drunk.
Làr
Floor

san taigh-sheinnse (san tie *heyn*-sheh)
– in the pub
teine –fire
tha mi – I am
tha i – she is
cofhurtail – comfortable
eile – (an) other *(comes after the noun)*
agus – and
an toir thu dhomh? – will you give me?
mas e do thoil e – please
glè – very
leann – beer
pinnt – a pint
not – a pound (*money*)
ag òl – drinking
air mhisg – drunk
mòran – a lot
saor – cheap
daor – dear

NOTE:
caileag – girl
a' **c***h***aileag** – the girl
(**caileag** is feminine)

ÀIREAMHAN (Numbers)

Counting *numbers*		Counting *things*
1	**(a h-) aon**	**aon phinnt**
2	**(a) dhà**	**dà phinnt**
3	**(a) trì**	**trì pinntean**
4	**(a) ceithir**	**ceithir pinntean**
5	**(a) còig**	**còig pinntean**
6	**(a) sia**	**sia pinntean**
7	**(a) seachd**	**seachd pinntean**
8	**(a h-) ochd**	**ochd pinntean**
9	**(a) naoi**	**naoi pinntean**
10	**(a) deich**	**deich pinntean**

CLEACHDADH

Tha i cofhurtail ....
Tha mi ag òl ....
Tha e air mhisg a-nise ....
Tha an leann math ....
Pinnt eile...
Caileag eile ....

Leasan a ceithir **AN CÀR**
(Lesson 4) **(The car)**

5
Seo an t-uisge. Ceart gu leòr?
Here's the water. O.K?

6
Tha a' chaileag seo a' dol do Dhùn-Dè.
This girl is going to Dundee.
Caileag bhòidheach
Beautiful girl

7
Tha mi a' dol do Pheairt.
I'm going to Perth.
màileid
suitcase

8
Tha poileas a' tighinn don chàr.
A policeman is coming to the car.
30
Càr brèagha
A fine car.

liotair – litre
seo dhut – here's/here you are *(handing something to somebody)*
seo . . . – here is . . . *(showing something)*
seo an càr – here is the car
an toir thu dhomh? – will you give me?
a' chaileag seo – this girl
brèagha – fine
uisge – water
a' dol – going
a' tighinn – coming
do – to
don – to the
cuideachd (kooj-achk) – too/also
fiach – worth/value
peatroil – petrol
a-staigh – in(side)
iomlaid – change *(money)*

There's no word for "a" in Gaelic.
caileag – girl/a girl

Sometimes you'll see "h" after the first letter of a word, e.g. **dà p*h*innt, glè m*h*ath.** This is called LENITION, and it changes the sound of the letter. For example, "ph" is pronounced like "f", "th" is pronounced like "h". (See page 67 for a fuller explanation and page 8 for pronunciation.)

CLEACHDADH

Tha e a' dol don chàr....................................
Aon chàr, dà chàr ....
Dà phinnt, trì pinntean....................................
An càr seo ....
Seo am poileas ....
Seo a' chaileag ....
Seo dhut ....
An toir thu dhomh uisge? ....

Leasan a còig. **SAN TAIGH-ÒSTA**
(Lesson 5) **(In the hotel)**

5
Bu toigh leotha leabaidh agus bracaist.
They would like bed and breakfast.

6
Sin còig not air fhichead an duine.
That's twenty-five pounds each.
Manaidsear

7
Am bu toigh leibh leabaidh aon neach?
Would you like a single bed?

8
cùrtairean
Tha iad san leabaidh a-nise.
They are in bed now.
plaide
(Blanket)

tha sinn – we are
tha sibh – you (pl) are
tha iad – they are
chan eil sinn – we are not

bu toigh leam – I would like
bu toigh leat – you (sing) would like
bu toigh leis – he would like
bu toigh leatha – she would like
bu toigh leinn – we would like
bu toigh leibh – you (pl) would like
bu toigh leotha – they would like
am bu toigh leat ...? - would you (sing) like ...?
am bu toigh leibh ...? – would you (pl) like ...?

ANSWER

Yes – **Bu toigh l'**
No – **Cha bu toigh l'**

taigh-òsta – hotel
o – from
fadalach – late
tràth – early
aon neach – one person

fuireach – to stay
a-nochd – tonight
leabaidh – bed
bracaist – breakfast
an seo – here
duine – a person
not an duine – a pound each

CLEACHDADH

Am bu toigh leat bracaist? ....
Am bu toigh leat pinnt? ....
Am bu toigh leat fuireach an seo? ....
Bu toigh leam pinnt ....
Bu toigh leam fuireach, mas e do thoil e ....
Tha mi fadalach ....
Tha iad tràth ....

Leasan a sia (Lesson 6)

SA BHUS (In the bus)

A bheil am bus a' tighinn?
Is the bus coming?

Chan eil. Tha am bus fadalach.
No. The bus is late.

Cabhsair

Deise

1

5
Ticeard dhut fhèin agus dod charaid?
A ticket for yourself and for your friend?
Seadh, dà thiceard.
Yes, two tickets.

6
Dè na tha iad?
How much are they?
Not agus caogad sgillinn.
£1.50

7
Cò às a tha thu?
Where are you from?
Inbhir Nis. Cò às a tha thu fhèin?
Inverness. Where are you from yourself.
Glaschu.
Glasgow.

8
A bheil mi air a' bhus cheart?
Am I on the right bus?
Tha.
Yes.

Seadh **can mean "yes" in a small number of instances, but generally to say** YES **or** NO **you repeat the verb of the question. In this case, "Tha" (Yes) and "Chan eil" (NO).**

a bheil mi? – am I?
a bheil thu? – are you?
a bheil e? - is he/it?
a bheil i? – is she?
a bheil sinn – are we?
a bheil sibh? – are you (pl)?
a bheil iad? – are they?

mu dheireadh thall – at long last
don – to the
ticeard – ticket
caogad – fifty
no – or
sgillinn – penny
cò às a tha thu? – where are you from?
air – on
ceart – right/correct
ceart gu leòr – alright/O.K.

CLEACHDADH

Dè na tha e? ....
Tha am bus a' tighinn ....
Cò às a tha thu? ....
Tha e air a' bhus cheart ....

Answer 'Yes' and 'No':

A bheil mi fadalach? ....
A bheil sibh tràth? ....
A bheil thu san leabaidh? ....
A bheil e an seo? ....
A bheil e a' tighinn? ....

Leasan a seachd
(Lesson 7)
SA BHÙTH
(In the shop)
boireannach
(bor-un-ach)
Bu toigh leam...
I would like...
Thoir dhomh...
Give me...
càise
cile ìm
pinnt bainne
dà chile siùcar
beagan ùbhlan
poca buntàta
currain
lof arain
bogsa uighean
canastair brot
canastair bradan...
... mas e do thoil e
(please)
còta
(coat)
silidh (jam)
£5.96 an cile
ìm
(butter)
£5.19 an cile
càise (cheese)
càl
(cabbage)
bananathan
(bananas)
bradan (salmon)
A bheil siabann agad?
Have you soap?
salach
(dirty)

Bainne
(milk)
£3.30
an cile
ùbhlan
(apples)
siùcar
(sugar)
peasair
(peas)
currain
(carrots)
aran
(bread)
Hoigh, a charaid, a bheil toitein agad?
(Hey man, have you got cigarettes?)
uighean
(eggs)
30sg am fear
orainsearan
£1.40
an cile
buntàta
(potatoes)
Ochd notaichean is chead sgillinn air fichead am bogsa
(£8.20 per packet)
brot
(soup)
Sìth
(Peace)
brògan
(shoes)
20
20
20
stocainnean (socks)

thoir dhomh – give me
cile – kilo
poca – a bag
lof arain – a loaf of bread
bogsa – a box
canastair – a tin
beagan – a few
beagan ùbhlan – a few apples

Numbers 3-10 also take the plural:
còig ùbhlan – five apples
sia uighean – six eggs

. . . am fear - …each/ a piece
boireannach – woman
am boireannach – the woman ("boireannach" is *masculine*!)
caraid – friend
sam bith – any
rud sam bith – anything
fichead – twenty
trì air fhichead – twenty-three
ochdad - eighty

CLEACHDADH

Thoir dhomh lof arain ....
Thoir dhomh dà chile buntàta ....
Thoir dhomh bogsa toitein ....
Thoir dhomh siùcar ....
Mas e do thoil e ....
A bheil ùbhlan agad? ....
(see page 44)
A bheil bainne agad? ....
A bheil còta agad? ....
Rud sam bith eile? ....
An toir thu dhomh beagan ùbhlan? ....

FREAGAIR/ANSWER

A bheil orainsearan agad? ....
A bheil toitean *(singular)* **agad?** ....
Am bu toigh leat toitean? ....
(see page 26)
Am bu toigh leat bainne? ....

Leasan a h-ochd (Lesson 8) — SA BHAILE-MHÒR (In the town)

5/6

Leabharlann
Library

Bùth leabhar
Bookshop

Bùidsear
Butcher

PLAZA

Tha an taigh-dhealbh air cùl nam bùithtean. Tha an leabharlann air do làimh chlì, agus Oifis a' Phuist air do lamh dheis.
The cinema is behind the shops. The library is on your left hand side and the Post Office is on your right.

An t-Uilebheist on Iarmailt a-muigh

4.00 agus 7.00

(The monster from outer space)

Dè an uair a thòisicheas e?
What time does it start?

Aig seachd uairean.
At 7 o' clock.

7

8

Dè na tha ticeard?
How much is a ticket?

£7.50 am fear
(£7.50 each)

Taigh-beag
(toilet)

Thoir dhomh dà thiceard.
Give me two tickets.

dè na tha ...? – how much is ...?
dè an uair? – what time?
dè an uair a tha e? – what time is it?
càite bheil...? – where is...?
cupan tì – a cup of tea
uairean – hours
tha e aon uair deug – it's 11 o'clock
tha e dà uair dheug – it's 12 o'clock
gabh mo leisgeul – excuse me
taigh-beag – toilet
Oifis a' Phuist – the Post Office
eaglais – church
leabharlann – library
chan eil fhios agam – I don't know
timcheall an oisein – round the corner
bu toigh leamsa – I would like *(emphatic form)*
an taigh-dhealbh – the cinema

CLEACHDADH

Tha sinn a' coiseachd a-nochd ....
Chan eil fhios agam ....
Gabh mo leisgeul ....
Dè an uair a tha e? ....
Tha e ...

ochd uairean *(see page 65)*
naoi uairean
dà uair
còig uairean

Dè na tha ...

lof arain?
poca buntàta?
pinnt bainne?

Càite bheil ...

Oifis a' Phuist?
an leabharlann?
an taigh-beag?

Leasan a naoi (Lesson 9)

OBAIR (Work)

5
Dè tha sin?
What's that?
Sin am factaraidh.
That's the factory.

6
A bheil am factaraidh a' dùnadh?
Is the factory closing?
Chan eil e a' dùnadh fhathast.
It's not closing yet.

7
Tha thu fortanach.
You're lucky.
Tha, gu dearbh.
Yes indeed.

8
Tha an cù a' dol dhachaigh a-nise.
The dog's going home now.
Tha mise a' dol dhachaigh cuideachd.
Slàn leat.
I'm going home too. Goodbye.

ag obair – working
a' faighinn – getting
seachdain – a week
san t-seachdain – per week
daoine – people
duine – person
factaraidh – factory
san/sa – in the
seasgad – sixty
dhachaigh – homewards
dè tha sin? – what's that?
a' dùnadh – closing
fhathast – yet
tha thu fortanach – you're lucky
gu dearbh – indeed
cù – dog
tha mise - I am *(emphatic form of* Tha mi*)*
slàn leat – goodbye

CLEACHDADH

Tha e ag obair ....
Tha e a' dùnadh ....
Tha mi a' faighinn ceud not ....
Tha mise ag obair ....
Dè tha sin? ....
Sin an cù ....
Tha e a' dol dhachaigh ....
Càite bheil thu ag obair? ....
Càite bheil thu a' dol? ....

Leasan a deich
(Lesson 10)

SAN TAIGH-BÌDH
(In the restaurant)

Am bu toigh leibh bracaist?
Would you like breakfast?

Cha bu toigh l', amadain. Tha e ceithir uairean feasgar.
No, you fool. It's four o' clock in the afternoon.

sabhs

1

5
Cha toigh leam aran agus ìm, agus cha toigh leam cèic, agus...
I don't like bread and butter, and I don't like cake, and...
Sgian agus forc
cupan

6
1. Siùcar
2. Bobhla
3. Spàin
4. Piobair
5. Salann
6. Siuga
Cha toigh leis brot agus cha toigh leatha tost agus....
He doesn't like soup and she doesn't like toast and....
1
2
3
4
5
6

7
Nach toigh leat càil?
Do you not like anything?
CAIRT BÌDH (Menu)
Cha toigh l'. Chan eil sinn ag ithe an seo.
No! We're not eating here.

Tha sinn a' falbh. Tha sinn a' dol don taigh-òsta.
We're going. We're going to the hotel.
8

is toigh leam – I like
is toigh leat – you like
is toigh leis – he/it likes
cha toigh leam – I don't like
an toigh leat? – do you like?
an toigh leibh? – do you (pl) like?
nach toigh leat? – do you not like?
nach toigh leotha? – do they not like?

YES – Is toigh l'
NO – Cha toigh l'

bu **toigh leam** – I *would* like
(see page 26)

diathad – dinner
amadan – fool
cofaidh – coffee
feasgar – (in the) afternoon
taigh-bìdh – restaurant
deiseil – ready
fhathast – yet/still
a-rithist – again
cèic – cake
tost – toast
ag ithe – eating
a' falbh – going (away)
càil – anything/nothing

CLEACHDADH

Am bu toigh leat tì? ....
Nach toigh leat tì? ....
Bu toigh leam tì ....
Is toigh leam tì ....
Tha mi deiseil a-nise ....
Chan eil mi deiseil fhathast ....
Cha toigh leis càil ....
Tha mi a' falbh ....
Tha mi ag ithe a-nise ....

Leasan a h-aon-deug (Lesson 11)

AN CORP AGUS AODACH (The body and clothing)

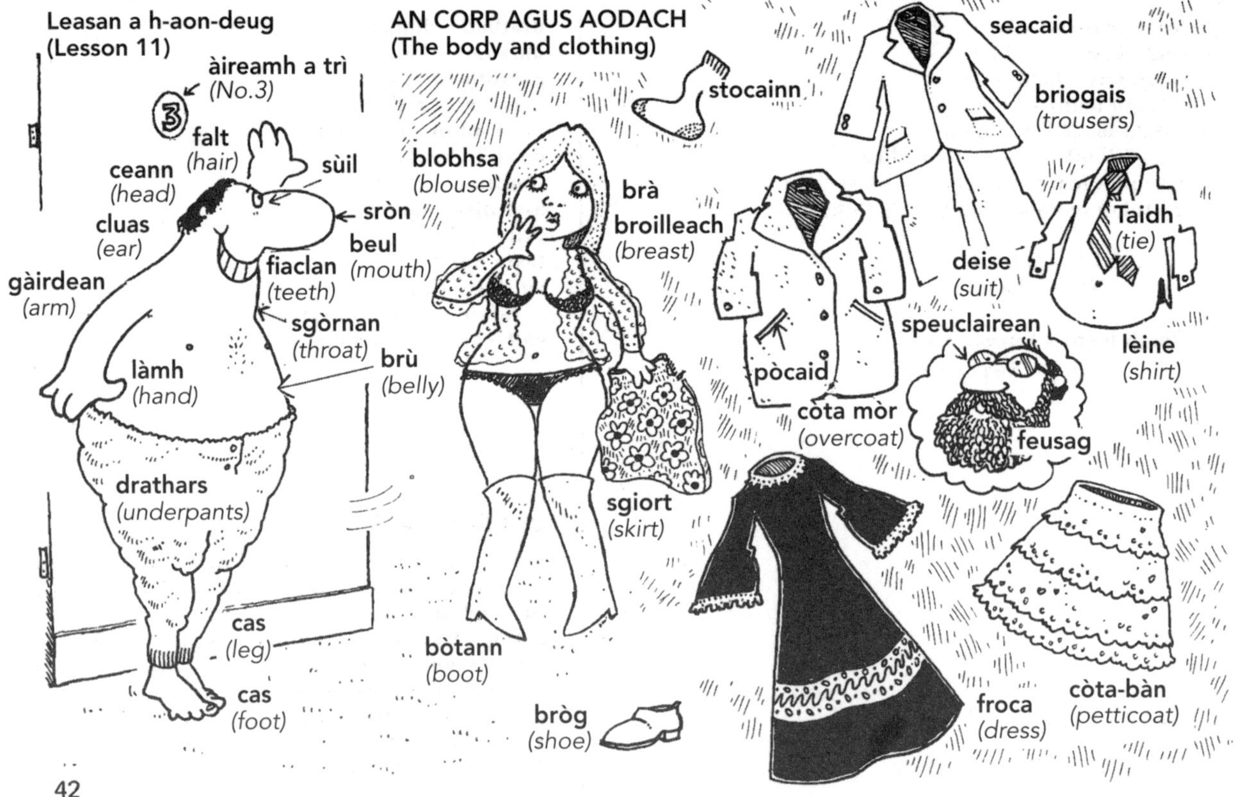

Tha làmh agam
I've got a hand

Tha briogais aige
He has trousers

Chan eil casan againn
We have no legs

Tha cas aice
She has a leg

Chan eil sgiort aice agus chan eil lèine aige
She hasn't got a skirt and he hasn't got a shirt

Tha pìob mhòr agam
I've got a big pipe

taigh-seinnse

Chan eil ciall sam bith agad
You have no sense

misgear
drunkard

tha aodach agam – I have clothes
tha aodach agad – you have clothes
tha aodach aige – he has clothes
tha aodach aice – she has clothes
tha aodach againn – we have clothes
tha aodach agaibh – you (pl) have clothes
tha aodach aca – they have clothes
chan eil briogais agam – I don't have trousers
a bheil còta agad? – have you a coat?
YES – Tha
NO – Chan eil

There is no verb "to have" *in Gaelic.*
We use the construction **Tha … aig:**
tha peann aig Iain – Iain has a pen
(*literally* "there is a pen at Iain")

CLEACHDADH

Tha falt agam ……………………………………
Chan eil còta mòr agam ……………………………
A bheil lèine agad? ………………………………
A bheil ciall agad? ………………………………
Tha ceann mòr aige ………………………………
Tha pìob aige ……………………………………
A bheil deise aige? ………………………………
Chan eil fiaclan againn ……………………………

Leasan a dhà-dheug (Lesson 12)

OIFIS A' PHUIST (The Post Office)

TELEFÒN
A bheil na stampaichean seo ceart?
Are these stamps correct?
Tha.
5

6
Tha na stampaichean mòra sin àlainn.
Those big stamps are gorgeous.

Dè tha cèarr?
What's wrong?
7
Poca
(bag)
Chan eil stampa air an litir seo!
There's no stamp on this letter!

An ath dhuine.
Next.
8
Mise
Me.
Mise
Me.

fichead – 20
trithead – 30
ceathrad – 40
caogad – 50
seasgad – 60
seachdad – 70
ochdad – 80
naochad – 90
ceud – 100

These numbers take the singular and don't affect the noun:
ceathrad pinnt – 40 pints

leabhar – book
stampa – stamp
ann an – in

ann an àm – in time
airson – for
ceart – right/correct
ath – next
àlainn – gorgeous
dè tha ceàrr? – what's wrong?
an ath dhuine – next (person)
mise – me (emphatic form)
litir – letter
an stampa seo – this stamp
an stampa sin – that stamp
na stampaichean seo – these stamps
na stampaichean sin – those stamps

Adjectives of one syllable are plural if the noun is plural: just add **-a** *or* **-e***: (see Spelling Rule)*

stampa mòr – a big stamp
stampaichean mòra – big stamps

duine glic – a wise man
daoine glice – wise men

CLEACHDADH

Dè na tha stampa? ....
Dè na tha an leabhar seo? ....
Thoir dhomh an litir sin ....
A bheil leabhar stampaichean agad? ....
A bheil mi ann an àm? ....
A bheil sin ceart? ....
Dè tha ceàrr? ....

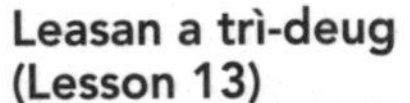

AIG A' CHÈILIDH
(At the cèilidh)

5
Chan urrainn dhomh dannsa tuilleadh.
I can't dance anymore.
Nach gabh sinn deoch, ma-tha.
Let's have a drink, then.

BÀR
O, gabh mo leisgeul, a bheil thu ceart gu leòr?
Oh, excuse me – are you alright?
6

7
Is fheàrr leotha bhith a' dannsa.
They prefer (to be) dancing.
Cha bhi iad toilichte, ach is coma.
They won't be pleased, but it doesn't matter.

8
An gabh thu deoch eile?
Will you take another drink?
Gabhaidh gu dearbha.
Yes indeed.

seall - look
àite - place
làn - full
deoch - a drink
daor - dear
gu luath - quickly
dannsa - dance/dancing
pòg - a kiss
pògadh - to kiss
tuilleadh - more/any more
ceart gu leòr - alright/O.K.
toilichte - pleased/satisfied
is coma - I don't care
tha mi coma - I don't care
gabhaidh mi pinnt - I'll take a pint
tha pinnt agam - I have a pint

(see page 44)

bidh - will be (*future of* **tha**)
bidh mi/thu/e/i/sinn/sibh/iad

cha bhi mi - i won't be
am bi thu? - will you be?

YES - **bithidh**
NO - **cha bhi**

is urrainn dhomh - I can
is urrainn dhut - you can
is urrainn dha - he can
is urrainn dhi - she can
is urrainn dhuinn - we can
is urrainn dhuibh - you (pl) can
is urrainn dhaibh - they can

chan urrainn dhomh - i cannot
an urrainn dhut...? - can you?...

YES --- **is urrainn**
NO --- **chan urrainn**

CLEACHDADH

Tha mi a' dol a-staigh...
An gabh thu deoch? Gabhaidh..........................
Tha n t-àite seo glè dhaor.................................
Chan urrainn dhomh dannsa.............................
Cha bhi i toilichte...
A bheil an deoch math?...............
Am bi thu aig a' chèilidh a-nochd?
Bithidh............

Leasan a ceithir-deug
(Lesson 14)

AIG A' PHÀRTAIDH
(At the party)

Lampa
Telebhisean
Sgeilp
(shelf)
leabhar
Dh'òl e cus.
He drank too much.
Dh'òl iad uile cus.
They all drank too much.
5

6
Tha gaol agam ort.
I love you.
Can sin a-rithist sa mhadainn.
Say that again in the morning.

Cha do chrìochnaich mi an deoch.
I didn't finish the drink.
Naomh
(saint)
Ach thuit thu a-mach air an uinneag.
But you fell out of the window.
7

Tha Gàidhlig mhath agad.
You have good Gaelic.
A' ghealach
8
O, nach ist thu.
Oh, be quiet.

THE PAST TENSE

To form the Past Tense simply LENITE *the basic form of the verb* (*if it begins with a vowel or* f- *prefix* dh')
Negative is "cha do" *Question is* "an do":

tòisich - start
tuit - fall
crìochnaich - finish
òl - drink
ith - eat
falbh - go away

thòisich mi - I started
thuit mi - I fell
chrìochnaich mi - I finished
dh'òl mi - I drank
dh'ith mi - I ate
dh'fhalbh mi - I went away

cha do chrìochnaich mi - I didn't finish
cha do dh'òl mi - I didn't drink
an do thuit thu? - did you fall?
an do dh'fhalbh e? - did it go away?

gaol - love
sa mhadainn - in the morning
a-rithist - again
gu leòr - enough
a h-uile duine - everybody
pàrtaidh - party
cus - too much
uile - all
uinneag - the window
tràth - early

CLEACHDADH

An do thòishch sibh fathast?...............................
Thòisich am pàrtaidh sa mhadainn.....................
Cha do dh'ith mi càil..
Dh'òl mi gu leòr...
Dh'ith mi cus..
Tha gaol agam ort...
Can sin a-rithist mas e do thoil e........................
Chan eil Gàidhlig mhath agam...........................
An do chrìochnaich thu fathast?.........................

Leasan a còig-deug
(Lesson 15)

AIR AN TRÀIGH
(On the beach)

5
Bidh Dòmhnall a' tuiteam san uisge.
Dòmhnall falls in the water.
Bidh Sìne a' gal.
Sìne cries.

Bidh Dòmhnall a' briseadh cas.
Dòmhnall breaks a leg.
Bidh Sìne a' gal.
Sìne cries.
6

7
Bidh an t-uisge an-còmhnaidh ann.
It's always raining.
Bidh Sìne an-còmhnaidh a' gal.
Sìne is always crying.

Bidh sinn a' dol dhachaigh mu dheireadh thall.
We go home at long last.
Taing do Shealbh.
Thank God.
8

THE PRESENT TENSE

To say "I begin", "I go" *etc., use the verbal noun (the noun from the verb, like the* -ing *form in English) with a' before it (*ag *if it begins with a vowel). Use the* FUTURE *form of the verb* **"to be"** *(see page 50) with is:*

gabh - take
a' gabhail - taking
bidh mi a' gabhail - I take

tog - lift
a'togail - lifting
bidh mi a' togail - I lift

tòisich - start
a' tòiseachadh - starting
bidh mi a' tòiseachadh - I start

cuir -put
a' cur - putting
bidh mi a' cur - I put

òl - drink
ag òl - drinking
bidh mi ag òl - I drink

falbh - go away
a' falbh - going away
bidh mi a' falbh - I go away

am bi thu a' falbh (togail, tòiseachadh *etc***)?**
  YES - bithidh
  NO - cha bhi

don tràigh - to the beach
bliadhna - year
mar seo - like this
an-còmhnaidh - always
tha e - he is
cus - too much
càil - anything/nothing
sabaid - fighting/fight
a' gal - crying
uisge - rain/water
a'dèanamh - doing

Leasan a sia-deug
(Lesson 16)

AIR AN DUTHAICH
(In the Country)

5
Thèid mise a-nise.
I'll go now.
Fuirich mionaid, thig mise còmhla riut.
Wait a minute, I'll come with you.
sràid
(street)

6
An tig ise còmhla rinn?
Will she come with us?
parcadh toirmisgte
(no parking)
Cha tig, mo thruaighe.
No, alas.

7
Cuin a thig sinn don mhullach?
When will we come to the top?
Sasannach
(Englishman)
Uair a thìde fhathast.
Another hour.
Am mullach

8
Cha tig iad an seo a-rithist.
They won't come here again.
Cha tèid mi don taigh-sheinnse a-nochd.
I won't go to the pub tonight.

THE FUTURE TENSE

Add **-idh** *to the verb,* **-aidh** *if the verb ends with a broad consonant.*

In the negative and in questions, take this ending away again:

Tog - lift
togaidh mi - I will lift
an tog mi - will I lift?

cuir - put
cuiridh mi - I will put
cha chuir mi - I will not put

ceannaich - buy
ceannaichidh mi - I will buy
cha cheannaich mi - I will not buy

falbh - go away
falbhaidh mi - I will go away
am falbh mi? - will I go away?
falbhaidh - yes

The following are irregular:

Thèid mi - I will go
cha tèid i - she won't go
thig mi - I will see
chì mi - I will see
chan fhaic mi - I won't see
am faic thu? - will you see?

air an dùthaich - in the country
caora - sheep *(singular)*
caoraich - sheep *(plural)*
a-màireach - tomorrow
fuirich mionaid - wait a minute
mullach - top/peak
uair a thìde - an hour's (time)

còmhla rium - (along) with me
còmhla riut - with you
còmhla ris - with him
còmhla rithe - with her
còmhla rinn - with us
còmhla ribh - with you (pl)
còmhla riutha - with them

CLEACHDADH

Thig mi còmhla riut a nise..................................
Chì mi a-màireach thu..
Thèid mi air a' bhus...
Thig i a-màireach...
Thèid mi don taigh-sheinnse...............................

uinneag
(window)
cùirtairean
(curtains)
AONGHAS DUBH
rèidio
preas
sèise
pillean
ceapairean
(sandwiches)
ìm
(butter)
leabhar
speuclairean
sgian
(knife)
botal leann
GAIRM
AM PAIPEAR BEAG
iris
(magazine)
pàipear-naidheachd
(newspaper)

Leasan a seachd-deug (Lesson 17)
SAN T-SEOMAR-SUIDHE (In the sitting-room)

Cò a th'air an telebhisean a-nochd?
'S i Angela NicEachainn a tha air an telebhisean.

Càite bheil am pàipear-naidheachd?
Tha am pàipear air an làr.

Dè tha sa phàipear?
Naidheachd!

Dè tha a'chlann a' dèanamh?
Tha iad san leabaidh.

FREAGAIR

Càite bheil an cat?..
Dè tha a' chaileag a' dèanamh air an t-sèise?....
Càite bheil "Gairm"?...
A bheil mòine air an teine?.................................
A bheil cupan air a' bhòrd?.................................
Nach eil a' chaileag àlainn?................................
Càite bheil dealbh Aonghais Duibh?.................
A bheil an duine air mhisg?................................
A bheil dà làimh aige?..
An do dh'ith iad fhathast....................................
A bheil an cat ag ithe?...
Am bu toigh leis a' chuileag?.............................
Am bi iad a' dol don leabaidh?...........................
A bheil fios agad?...
A bheil Gàidhlig mhath agad?...........................

GRÀMAR
Grammar

Àireamhan Numbers

For the small numbers see page 20

11. (a h-) aon-deug
12. (a) dhà-dheug
13. (a) trì-deug
14. (a) ceithir-deug
15. (a) còig-deug
16. (a) sia-deug
17. (a) seachd-deug
18. (a h-) ochd-deug
19. (a) naoi-deug
20. fichead
30. trithead
40. ceathrad
50. caogad
60. seasgad
70. seachdad
80. ochdad
90. naochad
100. ceud
1,000. mìle
1,000,000 millean

£25 – còig not air fhichead

COUNTING THINGS

aon phinnt deug
dà phinnt deug
trì pinntean deug
ceithir pinntean deug
còig pinntean deug
sia pinntean deug
seachd pinntean deug
ochd pinntean deug
naoi pinntean deug
fichead pinnt
caogad pinnt
naochad pinnt
ceud pinnt
mìle pinnt
millean pinnt

COUNTING PEOPLE

aon duine
dithis
triùir
ceathrar
còignear
sianar
seachdnar
ochdnar
naoinear
deichnear
aon duine deug
dà fhear dheug
fichead duine
ceud duine
mìle fear

An Uair The Time

It is one o'clock – **tha e uair**
two o'clock – **tha e dà uair**
three o'clock – **tha e trì uairean**
four o'clock – **tha e ceithir uairean**
five o'clock – **tha e còig uairean**
six o'clock – **tha e sia uairean**
seven o'clock – **tha e seachd uairean**
eight o'clock – **tha e ochd uairean**
nine o'clock – **tha e naoi uairean**
ten o'clock – **tha e deich uairean**
eleven o'clock – **tha e aon uair deug**
twelve o'clock – **tha e dà uair dheug**

Other useful words

mionaid – minute
meadhan-latha – midday
meadhan-oidhche – midnight
sa mhadainn – in the morning
san oidhche – at night
feasgar – (in the) afternoon/evening
gu – to
an dèidh – after/past
leth-uair – half an hour
cairteal – quarter

2.30 – tha e leth-uair an dèidh (a) dhà
3.15 – tha e cairteal an dèidh (a) trì
7.45 – tha e cairteal gu (a h-) ochd
5.05 – tha e còig mionaidean an dèidh (a) còig

aig sia uairean – at six o'clock
aig deich mionaidean an dèidh (a) seachd – at 7.10
dè an uair a tha e? – what's the time?

Ceistean Questions

WHERE IS/ARE **Càite bheil:**
càite bheil mi a-nise? – where am I now?
WHERE WAS/WERE **Càite robh:**
càite robh thu an-dè? – where were you yesterday?

HOW **Ciamar (a):**
ciamar a rinn thu sin? – how did you do that?
ciamar a tha thu? – how are you?

WHAT **Dè:**
dè tha sin? – what's that?
dè an t-ainm a tha ort? – what's your name?

WHEN **Cuin (a):**
cuin a thòisich thu? – when did you start?

HOW MUCH (*money*) **Dè na:**
dè na tha seo? – how much is this?

HOW MUCH/HOW MANY **Cia mheud:**
cia mheud a tha agad? – how much have you got?
cia mheud duine a tha an seo? – how many people are here?

WHY **Carson:**
carson a tha sinn a' fuireach? – why are we waiting?

Buadhairean agus Co-ghnìomhairean

Adjectives and Adverbs

Put the adjective *after* the noun:
càr brèagha – a fine car
After a feminine noun, lenite the adjective:
caileag bhòidheach – a beautiful girl

After a plural noun, add –a or –e (see Spelling Rule) to an adjective of only one syllable, but leave others alone:
orainsearan mòra – big oranges
daoine glice – wise men
caileagan bòidheach – beautiful girls

Make an adverb by putting "gu" in front of the adjective:
càr luath – a fast car (*adjective*)
ruith e gu luath – he ran quickly (*adverb*)

Sèimheachadh

Lenition

One of the most confusing things for learners of Gaelic is the way *beginnings* of words change by the process called LENITION. This involves putting an "h" after the consonant and thus changing its sound; see page 8 for the details of pronunciation.

The rules for *when* a word should be lenited are complicated, and riddled with exceptions. The best you can do is to learn these few basic rules and hope to pick up the rest. You will usually be understood even if you get the grammar wrong.

RULES FOR LENITION

A. Verbs a. past tense

thòisich mi – I began/started
b. after *cha* in the future
cha cheannaich mi – I won't buy

B. Nouns a. after *mo* (my), *do* (your), *a* (his):

mo thaigh – my house
do chas – your foot
a bhrògan – his shoes

b. feminine nouns after the article a':
a' chaileag – the girl

c. masculine nouns in genitive after article *a'*:
pòcaid a' chòta – the pocket of the coat

d. nouns in the genitive plural, without the article:
bogsa bhrògan - a box of shoes

e. after numbers *aon* and *dà* (1 and 2):
aon bhoireannach – one woman
dà bhradan – two salmon
and after *ciad*, "first":
a' chiad mhadainn – the first morning

f. after prepositions followed by the article:
don bhùth – to the shop
air a' bhòrd – on the table
and after *do*, "to", and *de*, "from", without the article:
thoir do Sheumas e – give it to Seumas
fiach fichead not de pheatroil – twenty pounds' worth of petrol

g. after "*a*" when addressing someone:
Thoir dhomh sin, a Mhàiri – Give me that, Mary

C. Adjectives after feminine nouns:
cuileag bhòidheach – a beautiful fly

Gnìomhairean

Verbs

The basic simplest form of a verb is used for its IMPERATIVE form, that is, for giving orders:

Tog e – lift it
Tòisich a-nise – start now

Each verb also has a VERBAL NOUN, formed most often by adding an ending to the Imperative form (see page 70). For the verbal noun *dèanamh*, for instance, the English equivalent may be either "to do" or "doing"

THE PRESENT TENSE

The verb "to be" has a simple tense, *tha*, "is", but otherwise the present tense in the Gaelic is *habitual*. It is formed, as described in page 56, with the *future* form of the verb "to be" followed by *ag* or *a'*, followed by the verbal noun:

Bidh sinn ag ionnsachadh Gaidhlig –
We learn Gaelic

Cha bhith mòran uisge ann –
It doesn't rain much

THE PAST TENSE

The Past Tense is formed by leniting the Imperative form:

Tòisich – start
Thòisich mi – I started

Verbs beginning with a vowel or f have dh' prefixes:

Ith – eat; **fuirich** – wait
Dh' ith mi – I ate; **dh' fhuirich mi** – I waited

THE FUTURE TENSE

Add *–idh* or *–aidh* (depending on whether the verb ends in a broad or slender vowel) to the Imperative form:

Tog – lift
Togaidh mi – I will lift

Ceannaich – buy
Ceannaichidh sinn – we will buy

NEGATIVES and QUESTIONS

Cha (**chan** before vowels) is the NEGATIVE particle.

an is used before the verb to introduce a QUESTION

nach is used before the verb to introduce a NEGATIVE QUESTION (*e.g.* "is he not big?")

In the PAST TENSE, these three Particles must be followed by "do" before the verb:

Thog mi a-mach e – I lifted it out
Cha do thog mi a-mach e – I didn't lift it out

Rinn iad e – they did it

Nach do rinn iad e – did they not do it?
An do dh'ith thu e? – did you eat it?

YES – **dh'ith**
NO – **cha cha do dh'ith**

In the Future Tense the three Particles are followed by the Imperative (basic) form of the verb (in other words, the Future ending *–idh/-aidh* is removed after them):

ceannaich e – buy it
an ceannaich thu e? – will you buy it?
ceannaichidh mi e – I will buy it
togaidh Iain e – Iain will lift it
cha tog mise e – I wont lift it.

YES and NO

There are no words corresponding to "Yes" and "No". You answer with the same verb as in the question, in the same tense:

An tàinig thu Diluain? – Did you come on Monday?

YES – **Thàinig**
NO – **Cha tàinig**

A bheil thu tinn? – Are you sick?

YES – **Tha**
NO – **Chan eil**

Gnìomh-ainmear

The Verbal Noun

Verbal Nouns are made in all sorts of different ways, and there seem to be no rules at all! You'll just have to pick them up as you go along.

You will notice that many are formed by adding –(e) adh; that –ich verbs often have –eachadh verbal nouns; that some verbs don't change at all. But you can be sure – that there aren't any rules.

This list gives some of the most important verbal nouns:

abair (say) — **ag ràdh** – (saying)
bris (break) — **a' briseadh**
buail (hit) — **a' bualadh**
caoin (weep) — **a' caoineadh**
ceannaich (buy) — **a' ceannach**
cluich (play) — **a' cluich**
crìochnaich (finish) — **a' crìochnachadh**
cuimhnich (remember) — **a' cuimhneachadh**
cuir (put) — **a' cur**
dèan (do) — **a' dèanamh**
dùin (close) — **a' dùnadh**
èirich (ride) — **ag èirigh**
fàg (leave) — **a' fàgail**
faighnich (enquire) — **a' faighneachd**
falbh (go away) — **a' falbh**
fàs (grow) — **a' fàs**
fosgail (open) — **a' fosgladh**
fuirich (wait) — **a' fuireach**
gabh (take) — **a' gabhail**
iarr (request) — **ag iarraidh**
innis (tell) — **ag innse**
ionnsaich (learn) — **ag ionnsachadh**
ith (eat) — **ag ithe**
leugh (read) — **a' leughadh**
mol (praise) — **a' moladh**
nigh (wash) — **a'nighe**
òl (drink) — **ag òl**
reic (sell) — **a' reic**
ruith (run) — **a' ruith**
seinn (sing) — **a' seinn**
sgrìobh (write) — **a' sgrìobhadh**
smaoinich (think) — **a' smaoineachadh**
thèid (go) — **a' dol**
thig (come) — **a' tighinn**
tog (lift) — **a' togail**
toir (give) — **a' toirt**
tòisich (start) — **a' tòiseachadh**
tuit (fall) — **a' tuiteam**

REGULAR VERBS	Fàg "leave"	Cuir "put"	Ceannaich "buy"
IMPERATIVE VERBAL NOUN PRESENT Habitual FUTURE Independent FUTURE Dependent (on *cha, an, nach*) PAST Independent PAST Dependent	**fàg** **fàgail** **bidh mi a' fàgail** **fàgaidh** **chan fhàg, am fàg** **nach fhàg** **dh' fhàg** **cha do dh' fhàg**	**cuir** **cur** **bidh mi a' cur** **cuiridh** **cha chuir, an cuir,** **nach cuir** **chuir** **cha do chuir**	**ceannaich** **ceannach** **bidh mi a' ceannach** **ceannaichidh** **cha cheannaich,** **an ceannaich, nach** **ceannaich** **cheannaich** **cha do cheannaich**

IRREGULAR VERBS

IMPERATIVE	FUTURE Independent	FUTURE Dependent	PAST Independent	PAST Dependent	VERBAL NOUN
thèid (go)	**thèid**	**tèid**	**chaidh**	**deachaidh**	**dol**
thig (come)	**thig**	**tig**	**thàinig**	**thàinig**	**tighinn**
dèan (do)	**nì**	**dèan**	**rinn**	**do rinn**	**dèanamh**
thoir (give)	**bheir**	**thoir**	**thug**	**tug**	**toirt**
faigh (get)	**gheibh**	**faigh**	**fhuair**	**d'fhuair**	**faighinn**
faic (see)	**chì**	**faic**	**chunnaic**	**faca**	**faicinn**
cluinn (hear)	**cluinn**	**cluinn**	**chuala**	**cuala**	**cluinntinn**
abair (say)	**their**	**abair**	**thubhairt**	**tubhairt**	**ràdh**
beir (grab)	**beir**	**beir**	**rug**	**do rug**	**breith**
bi (be)	**bidh/ bithidh**	**bi**	**bha**	**robh**	**bhith**

The verb to be *also has* a *present tense:*

Independent form: **tha**

dependent forms: **a bheil?, chan eil, nach eil**

THE GENITIVE

This is the special form of the noun meaning "of the", *e.g.*

deoch – drink
doras – door
deoch an dorais – parting drink (*lit.* drink of the door)

No matter how long you study Gaelic the genitive will give you trouble. At this stage just aim to pick it up as you go along.

You have already met some genitives in this book:

taigh – house
fear an taighe – landlord ("man of the house")

Post – Post
Oifis a' Phuist – post office ("office of the post")

Genitives are formed in several different ways. In some nouns the final consonant is made slender, in some an –**e** or and –**a** is added, and in some there is no change.

THE ARTICLE WITH THE GENITIVE

When there are two nouns with the second in the genitive (e.g. "the top of the hill") the first noun NEVER has an article in Gaelic.

With masculine nouns in the genitive use *a'* and lenite the noun:

airgead – money
mo chuid airgid – my money (*lit.* "my share of money")

baile-mòr – town
sluagh a' bhaile-mhòir - the people of the town

bòrd – table
cas a' bhùird – the leg of the table

caolas – narrows
baile a' chaolais – the town narrows

cladach – shore
feamainn a' chladaich – the seaweed of the shore

With feminine nouns use *na*:

bliadhna – year
toiseach na bliadhna – the beginning of the year

cearc – hen
uighean na circe – the hen's eggs

Some Plurals

As with verbal Nouns, Plurals of nouns may be formed in various ways, and there are no simple rules. Here are some important plurals to learn:

achadh (field)	**achaidhean**
àite (place)	**àiteachan**
balach (boy)	**balaich**
bàta (boat)	**bàtaichean**
beinn (mountain)	**beanntan**
boireannach (woman)	**boireannaich**
bòrd (table)	**bùird**
bùth (shop)	**bùithtean**
caileag (girl)	**caileagan**
càr (car)	**càraichean**
caraid (friend)	**càirdean**
cas (foot)	**casan**
ceann (head)	**cinn**
duine (man)	**daoine**
làmh (hand)	**làmhan**
latha (day)	**laithean**
oidhche (night)	**oidhcheannan**
rud (thing)	**rudan**
sgillinn (penny)	**sgillinnean**
spàin (spoon)	**spàinean**
uair (hour)	**uairean**

THE ARTICLE

Basically the singular is an:

an ceann – the head

When the following noun is lenited, however,

the article is *a'* (lenition occurs with the article when the noun is feminine and when the article is preceded by a preposition):

a' chaileag – the girl
air a' bhòrd – on the table

But there is no lenition (and *an* remains) when the noun begins with *t* or *d*):

aig an doras

When a (masculine) noun begin begins with *b, f, m,* or *p* the article is *am*:

am bus – the bus
am feur – the grass

The article is *na* in the genitive of feminine nouns (see page 73) and in plurals:

na geataichean – the gates

In the genitive form the plural is *nan*:

achadh nan cat – the field of the cats

And this changes to *nam* before *b, f, m, p*:

mullaichean nam beann – the tops of the mountains

Prepositions

In Gaelic simple prepositions combine with with pronouns to make simple words:
air (on) + **mi** (me) = **orm**

	air (on)	**le** (with)	**aig** (at)	**do** (to/for)
me	**orm**	**leam**	**agam**	**dhomh**
you	**ort**	**leat**	**agad**	**dhut**
him/it	**air**	**leis**	**aige**	**dha**
her/it	**oirre**	**leatha**	**aice**	**dhi**
us	**oirnn**	**leinn**	**againn**	**dhuinn**
you (pl)	**oirbh**	**leibh**	**agaibh**	**dhuibh**
them	**orra**	**leotha**	**aca**	**dhaibh**

SOME IDIOMS WITH PREPOSITIONS

1. **Is toigh le** - *like*
   Is toigh leam tì – I like tea

2. **Is fhèarr le** – *prefer*
   Is fheàrr leam cofaidh – I prefer coffee

3. **Is urrainn do** – *can*
   Is urrainn dhomh ruith – I can run

4. **Tha...aig** – *have*
   Tha airgead agam – I have money

5. **Tha fhios agam** – I know

6. **Tha eagal orm** – I' m afraid
   Tha cabhag orm – I' m in a hurry

7. **Tha an t-acras orm** – I'm hungry
   Tha an cnatan orm – I have a cold

8. **Thoir do** – give (to)
   Thoir dhomh an leabhar sin – give me that book

FACLAIR
Gàidhlig ~ Beurla

f. feminine noun

Numbers refer to pages

A

a – *prefix used in counting* 20
a – his 67
a' – *form of* **an** "the" 73
abair – say 72
ach – but 33
achadh – field 74
acras – hunger 75
ad – hat 15
ag – *form of* **aig** *with verbal nouns* 56
aig – at 75
agus – and 20
a h-uile – every 51
aimsir *f.* – weather 17
ainm – name 66
ainmear – noun 70
air – on 75
air cùl – behind 34
àireamh – number 20
airgead – money 73
airson – for 47
àite – place 50
àlainn – gorgeous, beautiful 47
ann an – in (*preposition*) 47
am – *form of* **an**, "the" 74
àm – time 47
ann an àm – in time 47
a-mach – out(wards) 14
amadan – fool 41
a-màireach – tomorrow 59
a-muigh – outside 34
an – the 74
an-dè – yesterday 66
an dèidh – after 65
an-dràsta – just now 17
a-nise – now 17
a-nochd – tonight 26
an seo – here 26
aodach – clothes 44
aon – one 20
  aon neach - one person 26
aran - bread 31
a-rithist – again 5
às – from 29
a-staigh – in (*adverb*) 14

B

baile – town 73
  baile-mòr – town/city 27

bainne – milk 31
balach – boy 74
balgair – beast 13
balla – wall 61
banana – banana 30
bàr – bar 49
bàta – boat 74
beag – small 47
beagan – a few 32
beinn *f.* – mountain 57
beir (air) – grab 72
beul – mouth 42
Beurla – English (*language*) 77
bheil, bhith, bi, bidh, bithidh – *forms of* **tha**, "is"
sam bith – any 32
bliadhna *f.* – year 56
blobhsa – blouse 42
bò *f.* – cow 57
bòbhla – bowl 40
bogsa – box 32
bòidheach – beautiful 19
boireannach – woman 32
bòrd – table 73
bòtann – boot 42
botal – bottle 60
brà - bra 42
bracaist – *f.* breakfast 39
bradan - salmon 30
brèagha – fine 23
breith – grabbing 72
briathar – verb 70
briogais *f.* – trousers 42
bris – break 70
bròg *f.* – shoe 42
broilleach – breast 42
brusgar – rubbish 36
bu – *past tense of* **is**, "is" 26
buail – strike 70
bùidsear – butcher 34
buntàta – potato(es) 31
bus – bus 27
bùth *f.* – shop 30

C

cabhag *f.* – haste 75
cabhsair – pavement 27
càil – anything/nothing 41
caileag *f.* – girl 20
càirdean – friends 74
cairt-bìdh – menu 40
cairteal – quarter 65
càise – cheese 30
càite – where 66
càl – cabbage 30
can – say 52
canastair – can, tin 32
caogad - fifty 64
caoineadh – weeping 70
caolas – narrows, strait 73
caora, *pl.* **caoraich** *f.* – sheep 59
càr – car 21
caraid – friend 74
carson – why 66
cas *f.* – foot/leg 42
cat – cat 61
cathair *f.* – chair 18
ceann – head 42
ceapaire – sandwich 60
cearc *f.* – hen 73
cèarr – wrong 47
ceart – right 29
ceart gu leòr – alright 29
ceathrad - forty 64
ceathrar – four people 64
cèic *f.* – cake 41
cèilidh – a cèilidh 48
ceithir – four 20
ceò – smoke 19
ceud – a hundred 64
ceum – path 36
cha, chan – not 69
chaidh – went 72
chì – will see 72
chuala – heard 72
chunnaic – saw 72
ciall *f.* – sense 43
cia mheud – how much 66
cileagram - kilogram
cile - kilo 30

cladach – shore 73
clann *f.* – children 62
cleachdadh – practice 14
clì – left (hand) 34
cloc – clock 61
cluas *f.* – ear 42
cluich – play 70
cluinn – hear 72
cnatan – a cold 75
cò – who 62
  cò as – where from 29
cofaidh – coffee 41
cofhurtail – comfortable 20
còig – five 20
còignear - five people 64
coille *f.*– a wood 57
coiseachd – walking 33
coma: is coma – it doesn't matter
  tha mi coma – I don't care 50
còmhla ri – along with 59
an-còmhnaidh – always 56
corp – body 42
còta – coat 67
  còta-bàn – petticoat 42
  còta-mòr – overcoat 42
craobh *f.* – tree 36
crìochnaich – finish 70
cù – dog 13
cuibhle *f.* – wheel 21
cuid *f.* – share 73
cuideachd – also 23
cuileag *f.* – fly 61
cuimhnich – remember 70
cuin – when 66
cuir – put 71
air cùl – behind 34
cunntas – an account 61
cupan – cup 35
cur – putting 71
curran – carrot 31
cùrtairean – curtains 25
cus – too much 53

D

dà – two 20
dannsa – a dance/dancing 50
daoine – people 74
daor – dear, expensive 20
de – of/from 21
dè – what 66
  dè na – how much 66
dealbh – picture 39
dèanamh – doing 72
dearbh – certain 15
  gu dearbh – indeed 15
deich – ten 20
deichnear - ten people 64
an dèidh – after 65
deireadh – end 29
deis: air do làimh dheis –
  on your right 34
deise – a suit 27
deiseil – ready 41
deoch *f.* – a drink 50
deug – -teen 64
dhachaigh – home(wards) 38
diathad – dinner 41
Diluain – Monday 69
  Dimàirt - Tuesday
  Diciadain - Wednesday
  Diardaoin - Thursday
  Dihaoine - Friday
  Disathairne - Saturday
  Didòmhnaich - Sunday
dithis – two people 64
do – your 67
do – *particle in the past tense of verbs* 53
do – to/for 75
  don – to the 29
dol – going 72
dona – bad 14
doras – door 73
an-dràsta – just now 17
drathars – underpants 42
dubh – black 60
dùin – close (*verb*) 70
duine – man 74
dùnadh – closing 70

dùthaich *f.* – country 59

E

e – he/it 17
eagal – fear 75
eagalach – terrible 17
eaglais *f.* – church 33
(chan) eil – is (not) 72
eile – other 20
èirich – rise 70
eun – bird 36

F

faclair – vocabulary 77
factaraidh – factory 38
fadalach – late 26
fàg – leave 70
faic – see 72
faigh – get 72
faighnich – enquire 20
fàilte *f.* – welcome 12
falbh – go away 59
falt – hair 42
fàs – grow 70
fealla-dhà – merrymaking 51
femainn *f.* – seaweed 73
fear – man
 … am fear – each 32
 fear an taighe – landlord 73
feàrr – better 75
feasgar – afternoon/evening 65
feitheamh – waiting 45
feum – use (*noun*) 61
feur – grass 74
feusag *f.* – beard 42
fathast – yet/still 38
fhèin – self 12
fhuair – got 72
fiach – worth/value 23
fiaclan – teeth 42
fichead – twenty 64
fios: tha fhios agam – I know 75
fireann – male 19
flùr – a flower 61
forc – fork 40
fortanach – lucky 38
fosgail – open (verb) 70
freagair – answer (verb) 32
froca – frock 42
fuar – cold 17
fuirich – wait 70
 fuireach – waiting 70

G

gabh – take 70
 gabh mo leisgeul – excuse me 35
Gàidhlig – Gaelic 5
gainmheach *f.* – sand 16
gàirdean - arm 42
gal – crying 56
gaol – love 53
gealach *f.* – moon 52
gèarr – cut 70
geata – gate 57
ghabh – get 72
glainne *f.* – glass 18
glè – very 20
gnìomhair – verb 68
gràmar – grammar 63
grian *f.* – sun 15
gu – to 65
gu – *adverbial particle* 66
 gu leòr – enough 50

I

i – she 50
iad – they 26
iarmailt *f.* – space 34
iarr – request (*verb*) 70
ìm – butter 30
innis – tell 70
iomlaid *f.* – change (*money*) 23
ionnsaich – learn 70
iris – magazine 60
is – is 75
ise – she (emphatic) 58
ist: nach ist thu! – be quiet! 52
ith – eat 70

pillean – cushion 60
pinnt – pint 20
pìob *f.* – pipe 19
piobar – pepper 40
plaide *f.* – blanket 25
pluc – a plug 61
pòcaid *f.* – pocket 42
pòg *f.* – a kiss 50
pògadh – kissing 50
poileas – policeman 22
post – post 73
preas – a press 60
prògram – a programme 61
pùnnd – a pound (*weight*) 32

R

ràdh – saying 72
rathad – road 27
reic – sell 70
rèidio – radio 60
reithe – a ram 57
ri – to/with 59
rinn – did 72
robh – was 72
rud – thing
  rud sam bith – anything 32
rug – grabbed 72
ruith – run 70

S

's – *form of* **agus**, "and" 64
sa, san – in the 20
sabaid *f.* - fight 56
sabhs – sauce 39
sam bith – any 32
salach – dirty 30
salann – salt 40
soar – cheap 20
Sasannach – Englishman 58
's e, 's I – it is 62
seacaid *f.* – jacket 42
seachd – seven 20
seachdad – seventy 64
seachdnar – seven people 64
seachdain *f.* – week 38
seadh – yes 29
seall – look 50
seasgad – sixty 64
sèimheachadh – lenition 67
seinn – sing 70
sèise – settee 60
seo – this 47
  seo dhut – here you are 23
seòmar-suidhe – sitting-room 61
sgàthan – mirror 61
sgeilp *f.* – shelf 52
sgillinn *f.* – penny 29
sgiort – skirt 42
sgòrnan – throat 42
sgòthach – cloudy 16
sgrìobh – write 70
sia – six 20
siabann – soap 30
sianar – six people 64
sibh – you (plural) 26
silidh – jam 30
sin – that 47
sinn – we 26
sìth *f.* – peace 31
siùcar – sugar 31
siuga *f.* – jug 40
slàn leat – good-bye 14
sluagh – people 71
smaoinich – think 70
snog – nice 19
spàin – spoon 40
speuclairean – spectacles 42
sràid *f.* – street 58
sròn *f.* – nose 42
stampa – stamp 47
stocainn f. – sock 42
stòl – stool 18
suidheachan – a seat 36
sùil *f.* – eye 42

T

taidh – a tie 42
taigh – house 73
  taigh-beag – toilet 53

taing: taing do Shealbh – thank God 55
tapadh leat – thank you 14
teine – fire 20
teth – hot 17
tha – is 72
thàinig – came 72
thalla – get away 14
ticeard – ticket 29
tìde – time 59
timcheall – round 35
tinn – sick 69
toigh: is toigh leam – I like 41
tost – toast 41
toilichte – pleased 50
toirmisgte – prohibited 58
toitean – cigarette 18
tòisich – start 70
tràigh *f.* – beach 56
tràth – early 26
trì – three 20
trithead - thirty 20
triùir – three people 64
tuathanach – farmer 57
tuilleadh – (any) more 50
tuit – fall 70

U

uabhasach – awful 19
uair – hour 65
ubhal (*pl.* **ùbhlan**) – apple 32
ugh – egg 32
uile – all 53
uinneag *f.* – window 53
uisge – water/rain 56
urrainn: is urrainn dhomh – I can 75

Na Mìosan - The months
Am Faoilleach - January
An Gearran - February
Am Màrt - March
An Giblean - April
An Cèitean - May
An t-Ògmhios - June
An t-Iuchar - July
An Lùnastal - August
An t-Sultain - September
An Dàmhair - October
An t-Samhain - November
An Dùbhlachd - December

FACLAIR
Beurla ~ Gàidhlig

A

after – an dèidh
afternoon – feasgar
again – a-rithist
all – uile
alright – ceart gu leòr
also – cuideachd
always – an-còmhnaidh
and – agus
another – eile
any – sam bith
anything – càil, rud sm bith
apple – ubhal
arm – gàirdean
ask (a question) – faighinich
ask (request) – iarr
at – aig
awful – uabhasach

B

bad – dona
bag – poca
banana – banana
bar – bàr
beach – tràigh
beard – feusag
beast – balgair
beautiful – bòidheach
bed – leabaidh
beer – leann
begin – tòisich
beginning (*noun*) – toiseach
behind – air cùl
belly – brù
big – mòr
bird – eun
black – dubh
blanket – plaide
blouse – blobhsa
body – corp
book – leabhar
boot – bòtann
bottle – botal
bowl – bobhla
box – bogsa
bra – bra
bread – aran
breakfast – bracaist
breast – broilleach
bus – bus
but – ach
butcher – bùidsear
butter – ìm
buy – ceannaich

C

cabbage – càl
cake – cèic
calendar – mìosachan
a can – canastair
can (is able to) – is urrainn do
car – càr
care: I don't care – tha mi coma
carrot – curran
cat – cat
certain – dearbh
chair – cathair
change (money) – iomlaid
chauvinist – seòbhaineach
cheap – saor
cheese – càise
children – clann
church – eaglais
cigarette – toitean
cinema – taigh-dhealbh
clock – cloc
close (*verb*) – dùin
clothes – aodach
cloudy – sgòthach
coat – còta
coffee – cofaidh
come – thig
coming – tighinn

comfortable – cofhurtail
corner – oisean
correct – ceart
country – dùthaich
cow – bò
crying – gal
cup – cupan
curtains – cùrtairean
cushion – pillean

D

dance – dannsa
dear (expensive) – daor
dinner – diathad
dirty – salach
do – dèan
dog – cù
door – doras
dress – froca
drink (verb) – òl
a drink – deoch
drunk – air mhisg
drunkard – misgear

E

each - ... an duine (*of people*)
...am fear (*of things*)
ear – cluas
early – tràth
eat – ith
egg – ugh
eight – ochd
eighty - ochdad
end - deireadh
English (language) – Beurla
Englishman – Sasannach
enough – gu lèor
evening – feasgar
every – a h-uile
excuse me – gabh mo leisgeul
eye – sùil

F

factory – factaraidh
fall – tuit
farmer – tuathanach
a few – beagan
field – achadh
fifty – caogad
fight – sabaid
fine – brèagha
finish – crìochnaich
fire – teine
five – còig
floor – làr
flower – flùr
fly – cuileag
fool – amadan
foot – cas
for – do, airson
forty – ceathrad
four – ceithir
free – saor
friend – caraid
frock – froca
from – o
full – làn

G

gate – geata
get – faigh
get away – thalla
girl – caileag
give – thoir
glass – glainne
glasses – speuclairean
go – thèid
go away – falbh
good – math
good-day – latha math
good-night – oidhche mhath
goodbye – slàn leat
gorgeous – àlainn

H

hair – falt
half-hour – leith-uair
hand – làmh
handkerchief – nèapraigear
hat – ad

have – tha…aig…
he – e
head – ceann
here – an seo
  here is… – seo…
his – a
home(wards) – dhachaigh
hot – teth
hotel – taigh-òsta
hour – uair
house – taigh
how – ciamar
  how much – cia mheud, dè na
hundred – ceud

I

in – ann an
indeed – gu dearbh
inside – a-staigh
in the – sa, san
it – e

J

jacket – seacaid
jam – silidh
jug – siuga
just now – an-dràsta

K

kiss – pòg
kilogram - cileagram
  kilo - cile

L

lamp – lampa
late – fadalach
lazybones – leisgeire
left (hand) – clì
leg – cas
letter – litir
library – leabharlann
like: I like – is toigh leam
like/as – mar
little – beag
loaf - lof
litre - liotair
loch – loch
a lot – mòran
love – gaol
lucky – fortanach

M

magazine – iris
make – dèan
male – fireann
man – duine
manager – manaidsear
many – mòran
matter: it doesn't matter – is coma
menu – cairt-bìdh
merriment – fealla-dhà
midnight – meadhan-oidhche
milk – bainne
minute – mionaid
mirror – sgàthan
Monday - Diluain
  Tuesday - Dimàirt
  Wednesday - Diciadain
  Thursday - Diardaoin
  Friday - Dihaoine
  Saturday - Disathairne
  Sunday - Didòmhnaich
monster – uilebheist
money – airgead
moon – gealach
more – tuilleadh
morning – madainn
mountain – beinn
mouth – beul
much – mòran
my – mo
my money – mo chuid airgid

N

news – naidheachdan
newspaper – pàipear-naidheachd
next (person) – an ath dhuine

nice – snog
night – oidhche
naoi – nine
ninety – naochad
nose – sròn
now – a nise
number – àireamh

O

office – oifis
on – air
one – aon
or – no
orange – orainsear
other – eile

P

paper – pàipear
pardon me – gabh mo leisgeul
party – pàrtaidh
past (preposition) - an dèidh
path – ceum
pavement – cabhsair
peace – sìth
peas – peasair
peat – mòine
people – daoine
pepper – piobar
person – duine
petticoat – còta-bàn
petrol – peatroil
picture – dealbh
pig – muc
pint – pinnt
pipe – pìob
place – àite
plate – truinnsear
please – mas e do thoil e
pleased – toilichte
plug – pluc
pocket – pòcaid
potato(es) – buntàta
portion – cuid
Post Office – Oifis a' Phuist
pound (money) – not
practice – cleachdadh
prefer: I prefer – is fhèarr leam
I would prefer – b' fhèarr leam
a press – preas
programme – prògram
pub – taigh-seinnse
put – cuir

Q

quarter – cairteal
question – ceist
quickly – gu luath

R

radio – rèidio
rain – uisge
ram – reithe
ready – deiseil
right/correct – ceart
right (hand) – deis
road – rathad
room – seòmar
round (preposition) – timcheall
rubbish – brusgar
run – ruith

S

saint – naomh
salmon – bradan
sand – gainmheach
sandwich – ceapaire
sauce – sabhs
say – can
sea – muir
seat – suidheachan
see – faic
self – fhèin
sell – reic
sense – ciall
settee – sèise
seven – seachd
seventy – seachdad
share – cuid

she – i
sheep – caora, *pl.* caoraich
shelf – sgeilp
shirt – lèine
shoe – bròg
shop – bùth
sidewalk – cabhsair
sitting-room – seòmar suidhe
six – sia
sixty – seasgad
skirt – sgiort
small – beag
smoke – ceò
soap – siabann
sock – stocainn
soup – brot
space – iarmailt
spectacles – speuclairean
spoon – spàin
stamp – stampa
start (*verb*) – tòisich
stay – fuirich
stool – stòl
street – sràid
sugar – siùcar
suit – deise
suitcase – màileid
sun – grian
sure – dearbh

T

table – bòrd
tea – tì
teeth – fiaclan
telephone – telefòn
television – telebhisean
ten – deich
terrible – eagalach
thank God – taing do Shealbh
thank you – tapadh leat
that – sin
the – an
there – an sin
these – seo
thing – rud
thirty – trithead
this – seo
those – sin
three – trì
throat – sgòrnan
ticket – ticeard
tie – taidh
time – uair
a tin – canastair
to – do
toast – tost
toilet – taigh-beag
tomorrow – a-màireach
tonight – a-nochd
too/also – cuideachd
too much – cus
top/peak – mullach
town – baile-mòr
tree – craobh
trousers – briogais
twenty – fichead
two – dà
two people – dithis

U

underpants – drathars

V

value – fiach
very – glè
village – baile
vodka – bhodca

W

wait – fuirich
waiting – fuireach, feitheamh
walking – coiseachd
wall – balla
water – uisge
weather – amisir
week – seachdain
welcome – fàilte
well – gu math
weep – caoin

what – dè
wheel – cuibhle
when – cuin
where – càite
 where from – cò às
whisky – uisge-beatha
who – cò
why – carson
window – uinneag
with – le, còmhla ri
woman – boireannach
worth – fiach
a wood – coille
work – obair
wrong – ceàrr

Y

year – bliadhna
yesterday – an-dè
yet – fathast
you – thu, *pl.* sibh
your – do
 your money – do chuid airgid

January - Am Faoilleach
February - An Gearran
March - Am Màrt
April - An Giblean
May - An Cèitean
June - An t-Ògmhios
July - An t-Iuchar
August - An Lùnastal
September - An t-Sultain
October - An Dàmhair
November - An t-Samhain
December - An Dùbhlachd